MICHELE IACOCCA

Eu como assim ou assado?

Conhecendo melhor o que você come

Eu como assim ou assado? – Conhecendo melhor o que você come
© Michele Iacocca, 2006

Gerente editorial	Claudia Morales
Editoras	Claudia Morales/Lavínia Fávero
Editoras assistentes	Elza Mendes/Thaíse Costa Macêdo
Estagiária (texto)	Raquel Nakasone
Coordenadora de revisão	Ivany Picasso Batista
Revisoras	Camila Zanon/Liliana Fernanda Pedroso
Projeto de capa	Vinicius Rossignol Felipe
Coordenadora de arte	Soraia Scarpa
Editoração eletrônica	Marcos Puntel/Vinicius Rossignol Felipe

A Editora Ática agradece ao professor de biologia Fernando Gewandsznajder pela consultoria e revisão das informações nutricionais.

CIP-BRASIL. CATALOGAÇÃO NA FONTE
SINDICATO NACIONAL DOS EDITORES DE LIVROS, RJ.

I12e
2.ed.

Iacocca, Michele, 1942-
  Eu como assim ou assado? : conhecendo melhor o que você come / texto e ilustrações Michele Iacocca. - 2.ed. - São Paulo : Ática, 2012.
  56p. : il. : - (Pé no chão)

ISBN 978-85-08-15438-8

1. Literatura infantojuvenil brasileira. I. Título. II. Série.

11-8422. CDD: 028.5
          CDU: 087.5

ISBN 978 85 08 15438-8 (aluno)
CAE: 267340 | CL: 737331
Cód. da OP: 258830

2024
2ª edição
8ª impressão
Impressão e acabamento: Forma Certa Gráfica Digital

Todos os direitos reservados pela Editora Ática, 2007
Avenida das Nações Unidas, 7221 – CEP 05425-902 – São Paulo, SP
Atendimento ao cliente: 4003-3061– atendimento@aticascipione.com.br
www.coletivoleitor.com.br

IMPORTANTE: Ao comprar um livro, você remunera e reconhece o trabalho do autor e o de muitos outros profissionais envolvidos na produção editorial e na comercialização das obras: editores, revisores, diagramadores, ilustradores, gráficos, divulgadores, distribuidores, livreiros, entre outros. Ajude-nos a combater a cópia ilegal! Ela gera desemprego, prejudica a difusão da cultura e encarece os livros que você compra.

A gente passa a vida comendo...

Eu como assim, você come assado...

E ele também... e todos!

Todo ser vivo, para se manter vivo, crescer e se desenvolver, precisa comer. Os alimentos são o combustível do nosso corpo, fornecem energia e regulam as funções do organismo.

Como isso acontece?

Imagine que o nosso corpo é feito de células, e que muitas delas se dividem o tempo todo, originando outras células. É assim que nós crescemos. Muitas dessas células morrem e são eliminadas pelo organismo. Mas não se preocupe, novas células nascem no lugar. E são os alimentos que fornecem o material necessário para essa renovação.

Sem alimentos, o corpo não conseguiria realizar as funções vitais. Isso vale para todos os seres vivos, inclusive plantas e animais. Todos precisam comer.

E todos comem, comem, comem...

No ar

TUIMMMM

APRESSADOS...

TODA VEZ EU ACABO COM TORCICOLO!

DA PRÓXIMA VEZ VOU SAIR COM O MEU PRIMO FALCÃO!

A PESCARIA FOI BOA, MAS HAJA SACO!

NÃO ADIANTA DAR UMA DE ESFOMEADO QUE O PRÓXIMO VERME É MEU!

VOCÊS NEM IMAGINAM A CANSEIRA QUE DÁ!

COMER SÓ DOCE TAMBÉM ENJOA!

Na terra

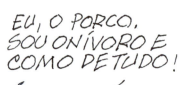

E até debaixo d'água!

E nós?

O ser humano come de tudo.

Conhece o ditado: "o que não mata engorda"? Pois é mais ou menos isso. O ser humano come tudo que tenha algum sabor e que não seja nojento. Come sementes, raízes, folhas e a carne de quase todos os animais. Come os frutos da maioria das plantas, menos os venenosos, é claro. Come produtos derivados dos animais, como ovos e leite. Come o que a natureza oferece de graça e o que aprendeu a criar ou elaborar – cereais, hortaliças, queijos e salames, conservas de todo tipo, pães e massas, tortas e doces... Tanta coisa que dá para encher prateleiras e mais prateleiras de hipermercados.

As pessoas comem também pelo prazer de comer, sozinhas ou acompanhadas, no lugar e na hora que quiserem. E mais: a variedade, a quantidade, o tipo de comida e as combinações que preferirem. Comem atraídas pelo visual, pelo sabor e aroma, e até pelo lado sentimental e afetivo, como comidas que lembram a da mamãe ou da vovó, sabores que lembram um lugar especial ou um momento feliz.

Enfim, nós comemos de tudo e de tudo quanto é jeito...

Sentado, em pé e até correndo...

Em todos os lugares

Em quantidades diferentes

Com resultados diferentes

E com as mais variadas consequências

Engraçado, não é?

É só você olhar à sua volta, a qualquer hora do dia e em qualquer lugar, e vai ver gente comendo sanduíche, salgadinho, chupando bala, mascando chiclete, tomando sorvete. Comendo pastel, pipoca, batatinha, cachorro-quente "com tudo" nas barraquinhas dos vendedores ambulantes. Sem falar dos restaurantes, pizzarias, botecos, quiosques, lanchonetes... Comida de tudo quanto é tipo, que enche os olhos e dá água na boca.

Mas que comida é essa?

Comida cheia de carboidratos e com poucas proteínas e vitaminas. Cheia de gorduras para manter a consistência e realçar o sabor, mas que são perigosas para o coração e abrem caminho também para a diabetes. Comida que enche a barriga, mas causa desnutrição. Comida que gera obesidade. Carência de um lado e excesso de outro.

Por que será que o ato de comer, fundamental para a vida, que começou de forma simples e natural, foi se tornando tão complexo e perigoso?

Como isso tudo aconteceu?

Vamos à História

A caça

No começo, nossos ancestrais pré-históricos do período Paleolítico (2,5 milhões a 10 mil anos atrás) se alimentavam de algumas ervas, raízes, frutas e caça. Não comiam regularmente, com hora marcada, como fazemos. Dependiam do resultado da caçada ou do tempo gasto para a coleta de raízes e ervas. Passavam períodos sem comer, mas se fartavam depois com a caça abatida, armazenando energia para a próxima busca de alimentos. A caçada era feita em grupo. A comunicação, a inteligência, a cooperação e a organização eram estimuladas e aprimoradas.

O fogo

Embora haja vestígios de 500 mil anos atrás, é difícil saber quando nossos ancestrais começaram a dominar o fogo. A certeza é que, com o fogo, tudo melhorou muito. Os alimentos cozidos eram mais fáceis de digerir e se tornavam ainda mais saborosos com o uso de algum tempero, como sal e ervas. Também demoravam mais para estragar e podiam ser conservados durante algum tempo. Isso já deu uma boa variada no jeito de comer, com mais possibilidades de escolha, estimulando o paladar e a criatividade na busca de novos sabores. O consumo de vegetais aumentou. Muitos deles se tornavam mais saborosos quando cozidos.

A agricultura

Por volta de 12 mil anos atrás, o clima ficou mais quente e úmido. As geleiras derreteram. A vegetação tornou-se mais densa, com o aparecimento de árvores e florestas. Os animais herbívoros de grande porte desapareceram. E, com menos caça disponível, o homem foi se adaptando e procurando outro tipo de comida – animais menores, aves, peixes e moluscos – e fazendo uso maior de vegetais, sementes e frutos. Tempos depois, nossos antepassados começaram a cultivar cereais como trigo, centeio e cevada. Foram se tornando menos caçadores e mais agricultores. Sem ter necessidade de se deslocar atrás de animais, foram se fixando nos lugares.

A criação de animais

Com a redução do deslocamento, as pessoas começaram a criar animais: bois, carneiros, cabras, porcos. Inventaram técnicas de conservação de alimentos em salmoura ou com temperos. Aprenderam a cultivar árvores frutíferas. Fermentando a uva descobriram o vinho e fermentando a cevada descobriram a cerveja. Aprenderam a extrair azeite de azeitonas e óleo de várias sementes. A moer o trigo e a fazer farinha. A alimentação era rica em carnes, peixes, cereais, verduras e frutas. Com a invenção de vasilhas de cerâmica, os ingredientes passaram a ser cozidos ou fritos. Surgiu então uma variedade de molhos e sabores. Enfim, nossos antepassados aprenderam a cozinhar.

Assim, na mesa de antigamente...

Quando surgiram as primeiras civilizações – cerca de 5 mil anos atrás –, a agricultura e a criação de animais já estavam desenvolvidas. Os hábitos alimentares dependiam das características geográficas de cada região e do tipo de cultivo mais adaptável a ela. O Antigo Egito, por exemplo, por causa do rio Nilo e suas cheias, era rico em cereais como trigo e cevada; hortaliças como cebola, alho, favas e alface; frutas como maçã, tâmara, romã e figo, além de azeitonas, mel, carnes variadas... Lá foram feitos os primeiros fornos para assar pães e biscoitos, quando

os egípcios descobriram que, com trigo e fermento, poderiam ter uma massa saborosa depois de assada.

Além das condições climáticas, as religiões também criaram regras e restrições na alimentação das antigas civilizações. Havia comidas que só se ofereciam às divindades e as que eram consideradas impuras, como as carnes de algumas aves e de porco. Outras carnes só podiam ser comidas se todo o sangue delas fosse retirado. Na época do império greco-romano (por volta de 200 a.C.), a alimentação era à base de cereais e o consumo de carnes também era bastante orientado pelos costumes religiosos. As melhores partes do boi e do carneiro eram consumidas pelas pessoas mais importantes da sociedade.

Com o desenvolvimento das civilizações começaram a aparecer e a se acentuar as diferenças entre cidade e campo, entre ricos e pobres. Comer fava, lentilha e hortaliças em geral era coisa de camponês. Já comer peixes, ostras, perdizes e patos era privilégio dos mais ricos. Na Roma Antiga havia duas formas de as pessoas comerem: refeições ligeiras, sem hora marcada, só para se alimentar; e de modo festivo, com muita gente comendo junto pelo prazer de comer e para reforçar o laço entre os convidados – até como exibição de riqueza e poder.

Na Idade Média (século V ao século XV), havia senhores e servos. Os senhores eram os donos dos castelos e dos campos em volta, e os servos eram

aqueles que trabalhavam as terras dos senhores. No castelo, havia de tudo na mesa: muita carne, de criação ou de caça, temperada com molhos fortes e carregada de especiarias. Verduras, legumes e grãos: fava, feijão, lentilha, grão-de-bico. Frutas como maçã, pera, figo, uva, amora e cereja. Azeitonas, sementes torradas e castanhas. Queijo, coalhada, linguiça, salame e presunto. E pão, que era feito com farinha integral e era mais escuro.

Enquanto os senhores já regulavam o uso de certos alimentos e temperos que podiam fazer mal à saúde, os camponeses comiam pobremente: verduras, legumes, pão... E ainda passavam fome e sofriam desnutrição quando as colheitas não eram boas.

O pão

O pão acabou se tornando o grande alimento da época. Os ricos comiam pão feito de trigo, mais branco e delicado. Os pobres, um pão mais tosco e preto, feito de aveia ou centeio. Por volta do século X surgiram os moinhos. Eram movidos pela água ou pelo vento e esmagavam os cereais fazendo uma farinha que mantinha seus nutrientes, com a qual se fazia o pão integral, mais duro e consistente. Com o passar do tempo, os moinhos evoluíram e começaram a produzir farinha refinada, que deixava o pão mais branco, porém mais pobre em nutrientes. Um pão sem fibras, facilmente digerível e mais engordativo.

Doces e salgados

Foi com a mistura dessa farinha refinada e do açúcar que começaram a surgir os bolos, bolachas, massas e uma infinidade de doces e pães.

No século V a.C., o povo indiano já utilizava o caldo da cana para produzir açúcar. Mas foram os árabes os primeiros a propagar a sua produção. Na Europa, o açúcar era considerado um artigo de luxo e só as cortes e os nobres o utilizavam. O seu uso se ampliou no século XVIII com a descoberta do Novo Mundo e a chegada das bebidas das novas colônias – o chá, o chocolate e o café. Isso mudou muita coisa. Os temperos fortes e ácidos, cheios de especiarias, deram lugar aos temperos mais açucarados, cremosos e gordurosos, considerados mais delicados.

A indústria

A partir do século XVIII, com o surgimento e o desenvolvimento da indústria, muitas pessoas deixaram o campo e foram para as cidades. O tempo para preparar as refeições diminuiu. Por outro lado, a fim de abastecer as cidades, a comida precisava viajar, ser estocada e conservada para durar mais tempo. Para que o seu consumo também ficasse mais prático, a comida foi sendo preparada em escala industrial. Surgiram as embalagens para acondicionar leite, frutas, legumes, macarrão, carnes e peixes (como atum e sardinha), extrato de tomate, azeitonas, sucos, refrigerantes, compotas, manteiga, margarina etc.

Apareceram os primeiros restaurantes. No começo, eram caros e pouco acessíveis. Depois foram se popularizando para atender ao número cada vez maior de pessoas que trabalhavam fora de casa.

E chegamos aos dias de hoje, com uma profusão de restaurantes, cafés, docerias, sorveterias, lanchonetes, cantinas, bares e botecos que mudaram completamente a nossa relação com a comida e o ato de comer. Os apelos são muitos: a pressa, a comodidade, a praticidade. A aparência, a embalagem atraente e os sabores artificiais. Os pães mais bonitos, os milhares de salgadinhos, os lanches, a infinita oferta de refrigerantes e mais milhares de produtos que lotam as prateleiras dos supermercados. Muita coisa que, por nossa preguiça ou pela própria aparência, nos atrai e nos leva a comer mais de uma coisa e menos de outra, de forma desequilibrada e até perigosa.

E no Brasil?

A história da comida no Brasil começou com os índios. A natureza era tão prodigiosa que eles nem precisavam se preocupar muito em produzir seus próprios alimentos. Cultivavam mandioca, milho, abóbora, batata-doce e amendoim para complementar sua dieta. A mandioca ainda era usada para fazer farinha, beiju e bebidas alcoólicas.

A lenda da mandioca

A palavra "mandioca" vem da língua tupi: *Mani-Oca* quer dizer "Casa de Mani". Conta a lenda que uma tribo sofria com a falta de comida quando a filha do pajé apareceu grávida. Seu pai ficou furioso. Mas, em sonho, um branco lhe revelou que o bebê de sua filha era fruto de um milagre. A moça escapou dos castigos e deu luz a uma menina branca, que se chamou Mani.
Um ano se passou e, sem mais, a linda Mani, adorada por todos, morreu. Luas depois, em seu túmulo, regado com as lágrimas de saudade da família, nasceu uma planta. Os índios cavaram e, sob a casca marrom, descobriram raízes brancas como a menina. Era a mandioca, o alimento que vinha saciar a fome da tribo.

Em 1500, quando os portugueses aqui chegaram, ficaram impressionados com o clima, a exuberância das matas, dos rios, com a enorme abundância de plantas, frutos e animais de toda espécie.

Para começo de conversa, chegaram com uma fome danada. As viagens eram compridas e de duração incerta, então se levava para comer o que não estragava com facilidade. Biscoitos de farinha, carnes e peixes conservados em sal foram os primeiros ingredientes trazidos de outras terras para o Brasil.

Vida dura a bordo...

Na esquadra de Cabral tinha carnes salgadas, azeite, cebolas, vinagre e vinho. Alguns oficiais podiam levar ovelhas ou galinhas para melhorar a dieta. Quando esses alimentos acabavam, restava apenas o "biscoito de marear", uma bolacha dura e salgada, embolorada e roída por baratas. A água, armazenada em tonéis, logo estragava, causando doenças.
Poucos marinheiros escapavam das doenças. A pior delas era o escorbuto, provocada pela falta de vitamina C no organismo. Causava fraqueza, infecções, hálito fétido e apodrecimento das gengivas. Mais tarde, os navegantes portugueses descobriram que podiam evitar o escorbuto consumindo limão.

Não foi muito difícil para os colonizadores se adaptarem. Eles passaram a usar a mandioca para fazer suas sopas e cozidos. Esta foi a primeira mudança. Os portugueses mantiveram sua maneira de cozinhar, misturando a mandioca, as frutas e as pimentas ao azeite de oliva, alho, cebola, bacalhau. Trouxeram novos animais como o porco, a galinha, a vaca... Com mamão verde, abóbora e amendoim, fizeram novos doces como compotas e pé de moleque.

Com a vinda dos escravos africanos, novos ingredientes foram acrescentados, como o azeite de dendê, o coco e o camarão seco. A comida ritualística africana,

Goiaba é daqui

A goiaba é originária do Brasil e da América Central. Além de gostosa, é nutritiva, tem vitaminas e sais minerais. Pode ser consumida ao natural ou em forma de suco, geleia, doce e sorvete. Quer uma receitinha fácil?

Sorvete de Goiaba
UTENSÍLIOS: liquidificador, faca, colher e forminhas de picolé (se não tiver forminhas de picolé, você pode improvisar usando forminhas de gelo).
INGREDIENTES: 6 goiabas vermelhas médias, 1 xícara de açúcar e 3 copos de iogurte natural.
MODO DE FAZER: Lave bem as goiabas. Corte-as ao meio, retire as sementes e pique a polpa. Coloque todos os ingredientes no copo do liquidificador e bata em velocidade máxima. Despeje nas forminhas e deixe no congelador por umas 3 ou 4 horas. Pronto!
RENDIMENTO: 8 picolés.
CUIDADO: peça a ajuda de um adulto para usar o liquidificador e a faca.

cheia de cores, cheiros e sabores, influenciou a cozinha de diferentes regiões, desde a Bahia, com suas comidas de santo, até o Rio de Janeiro, com sua feijoada.

A mistura de índios, portugueses e africanos temperou a cozinha brasileira. Com o tempo, cada região do país foi criando seus pratos típicos de acordo com os ingredientes disponíveis e as influências da cultura e do clima.

Isso até o começo do século XX, quando começou a chegada de imigrantes do mundo inteiro, todos eles trazendo suas tradições e maneira de cozinhar para temperar ainda mais nosso cardápio.

Pratos de origem africana

Acarajé: bolinho de feijão, com camarão seco, sal, cebola e frito em azeite de dendê.

Caruru: prato à base de quiabo, camarões secos, azeite de dendê, cebola e pimenta.

Cuscuz: o original é feito com farinha de trigo e servido com carne e verduras. Há muitas outras variações.

Feijoada: os ingredientes mudam de região para região. Surgiu nas senzalas, os escravos cozinhavam o feijão com os restos de porco jogados no lixo pelos seus senhores.

Munguzá: milho cozido no leite de vaca ou no de coco, podendo ser doce ou salgado, dependendo da região.

Quibebe: purê de abóbora com leite.

Vatapá: papa de farinha de mandioca, com azeite de dendê e pimenta, servida com peixe.

A primeira grande leva de imigrantes foi de alemães, que fundaram colônias no sul do país. Eles trouxeram a salada de batata, linguiças de vários tipos, o arenque defumado, o chucrute, o lombo de porco, o pão preto...

Os italianos chegaram em seguida, trazendo seu famoso pão e as massas com molhos. Temos aqui todos os tipos de macarrão, a pizza – que muitos dizem ser até melhor do que a feita na Itália –, polenta, nhoque, lasanha, risoto e o uso do queijo ralado para dar mais perfume e sabor. Com os italianos vieram também vários doces e – que delícia! – o sorvete! Os italianos aperfeiçoaram a receita do sorvete, que surgiu na China há 3 mil anos (eles só misturavam neve com polpa de frutas).

Quem inventou o macarrão?

No fundo ninguém sabe. Uma versão diz que o grande aventureiro italiano Marco Polo levou o macarrão da China para a Itália, no século XIII. No entanto, há registros da existência de massas na Itália antes disso. Podem ter sido levadas pelos árabes no século IX, quando invadiram a ilha italiana da Sicília. Quando andavam pelo deserto, eles costumavam carregar tiras de massa seca para cozinhar onde houvesse água. Embora a origem seja incerta, é certo que foi na Itália, mais precisamente em Nápoles, que o macarrão se firmou como se tivesse nascido lá. Com infinitas variações de formato, acompanhado por todo tipo de molho, o macarrão virou um prato universal.

Os japoneses também trouxeram suas comidas típicas: pratos à base de peixe cru, molhos, raízes, brotos, seu arroz e seu chá. Uma comida exótica restrita à colônia japonesa no começo, mas que depois virou moda no país inteiro.

Outra importante contribuição oriental foi a dos chineses. Na culinária chinesa predominam as carnes, de vaca, frango e porco: frango xadrez, rolinho primavera, porco agridoce... Nas grandes cidades brasileiras, há até cadeias de entrega de comida chinesa em domicílio.

E a comida árabe trazida pelos sírios e libaneses? Tem quibes, esfirras, tabule, homus, coalhada, kafta... sempre com o característico pão sírio.

Os talheres

Até o século XI, em praticamente toda a Europa, as pessoas comiam com as mãos. Tinha gente que usava os cabelos para limpar os dedos sujos de molhos e gordura! Contam que isso começou a mudar em 1077, quando Domenico Salvo, nobre de Veneza, casou-se com uma princesa grega que cismou de usar um espetinho com duas pontas para pegar a comida. De início acharam esquisito, mas aos poucos os nobres foram adotando esse refinamento. Só em 1880 o garfo ganhou quatro dentes, como os atuais. A faca, por outro lado, existe desde a Pré-História, mudando apenas o formato e o material. Já foi de pedra e de bronze. A colher também existe há muito tempo, era feita de pedra, madeira... Apenas no século XVII, porém, a colher passou a acompanhar o garfo e a faca na mesa de refeições.

Os franceses tiveram forte influência cultural no Brasil até a metade do século XX. Além da influência na panificação com o famoso pão crocante e macio chamado de "pão francês", trouxeram seus molhos, cremes, suflês, tortas, quiches, doces e sobremesas. As receitas francesas são variadas, algumas bem sofisticadas. No Brasil, os restaurantes franceses mantiveram a sofisticação e incorporaram ingredientes típicos, como pirarucu, mandioca, pupunha, manga, maracujá, carambola, pequi...

Quer comida grega, tailandesa, coreana? Mexicana, argentina, chilena, americana, australiana...? Aqui tem.

Vamos ao restaurante?

No século XVIII, em Paris, na França, "restaurante" era o lugar onde as pessoas iam para restaurar as forças: uma espécie de farmácia onde se tomavam caldos saudáveis e fortificantes. Nada tinham a ver com as tabernas ou estalagens que ofereciam comida e até hospedagem.
No início do século XIX, tomavam-se os caldos restauradores como hoje se toma cafezinho num bar. O negócio foi se modificando e esses lugares passaram a oferecer comida sofisticada com acesso para poucos, pois era cara. Mas, com o crescimento das cidades, os restaurantes foram ficando mais acessíveis, com grande variedade de pratos e preços.

Muitas outras comidas foram surgindo e caindo no paladar dos brasileiros: os frutos do mar das barracas de praia, o pastel de feira, o churrasquinho, o milho cozido, os tira-gostos de boteco, linguiça, croquetes... o sanduíche de padaria, as empadinhas, as coxinhas... comidas de todo o tipo!

Em 1500, quando chegou ao Brasil, Pero Vaz de Caminha escreveu ao rei de Portugal que aqui, em se plantando, tudo dá. Agora, podemos dizer: em se procurando, tudo se tem. A diversidade de comidas dessa fusão de culturas faz da culinária brasileira um universo de variedades e sabores.

A história do sanduíche

Colocar algo no meio do pão é coisa bem antiga. Talvez tão antiga quanto o próprio pão. Porém, o nome "sanduíche", que popularizou um tipo de lanche, vem do conde de Sandwich, John Montagu, um nobre inglês que não resistia a um jogo de baralho. Para não sair da mesa de jogo na hora das refeições, ele simplesmente mandava que pusessem a comida entre duas fatias de pão, assim ficava alimentado sem largar as cartas.
O hambúrguer surgiu nos Estados Unidos. Dizem que foi ideia de imigrantes alemães da cidade de Hamburgo. Com as grandes redes de *fast-food*, o hambúrguer ganhou fama no mundo todo.

O que foi que mudou?

Atualmente, com a globalização, come-se de forma semelhante em quase todos os lugares do mundo. Os problemas também são os mesmos. As estatísticas mostram um mundo obeso. E, no Brasil, 48% da população está acima do peso e com altos índices de subnutrição, o que desencadeia várias doenças.

Como se explica isso?

1 - *Comemos muito.* Comer está cada vez mais fácil e as comidas estão cada vez mais atraentes, disponíveis e variadas. Comemos geralmente levados pela gula. A obesidade, que antes era coisa de adultos comilões, agora afeta até crianças e adolescentes. Com ela surgem doenças como hipertensão, colesterol alto e diabetes, antes características de pessoas com idade mais avançada.

2 - *Comemos de maneira errada.* Diferente dos animais, que só comem para saciar a fome, nós comemos a toda hora, geralmente em grandes quantidades, sem muita preocupação se o que estamos engolindo vai nos fazer bem e até sem mastigar direito.

3 - *Gastamos cada vez menos energia.* O homem primitivo tinha necessidade de se fartar para compensar os períodos de escassez e ter energia para caçar e percorrer grandes distâncias, mas a vida hoje é bem diferente. Ficamos parados a maior parte do tempo, sentados diante da TV ou do computador, usando elevadores, escadas rolantes, automóveis... É lógico que quem come muito e não se exercita na mesma medida acaba engordando.

Será que não dá para prestar um pouco mais de atenção naquilo que comemos? E na quantidade? Respeitar a própria fome e comer devagar, para perceber quando a fome já parou?

Comendo alimentos saudáveis, na quantidade certa e da forma correta, a gente se sente mais disposto, mais saudável e mais bonito.

Quer apostar?

E você? Como você come?

Eu como assim...

Eu como assado...

Eu como assim...

Eu como assado...

Comer direito não é tão difícil assim...

Você gosta de hambúrguer, chocolate, batata frita, cachorro-quente, refrigerante...? E come sempre a mesma coisa, sem se importar com o peso e com a saúde? Só pensa no sabor e no prazer de comer, claro.

Mas se você pensar um pouco na saúde e procurar alguma mudança, verá que não é tão difícil assim. Você vai descobrir que vários alimentos que não comia antes, além de saudáveis, são bem gostosos. Legumes e verduras frescas, frutas perfumadas e suculentas como as nossas, os cereais, as carnes e os peixes, são alimentos que contêm tudo o que o corpo precisa, todas as vitaminas, as proteínas e os nutrientes que ajudam no crescimento, fortalecem a musculatura, ativam o funcionamento do cérebro e até previnem doenças.

Já pensou que delícia ter uma refeição bem balanceada, gostosa, sentir-se mais saudável, mais disposto para fazer tudo o que a gente gosta?

Vale a pena experimentar!

Como comer?

O que você precisa comer?

Uma boa refeição deve ser variada e equilibrada, para fornecer tudo que o corpo precisa: proteínas, vitaminas e sais minerais, carboidratos, gorduras (ou lipídios) e água.

Os alimentos são classificados em *construtores*, *energéticos* e *reguladores*.

• *Construtores* são os alimentos cheios de proteínas, como carnes, peixes, ovos, leite. Ajudam na renovação das células gastas pelo organismo, na reconstrução dos tecidos e no crescimento.

• Os alimentos *energéticos* são ricos em carboidratos e açúcares, que dão energia para o movimento, o trabalho físico. Como massas, batata, arroz, mel, feijão, açúcar, frutas...

• Os alimentos *reguladores* são os que regulam o funcionamento do organismo, protegendo contra várias doenças. São as vitaminas e os sais minerais.

46

As *vitaminas* A, B, C, D, E, K são encontradas nas frutas, verduras e em muitos outros alimentos. A vitamina A, por exemplo, do mamão e das frutas vermelhas, protege a nossa visão. A vitamina C, da laranja, da acerola e da goiaba, protege contra infecções.

Os *sais minerais*, como cálcio, flúor e ferro, são importantíssimos na formação dos ossos, dos dentes e do sangue. Estão no sal, no leite, nos ovos e em muitas verduras. Os laticínios são uma importante fonte de cálcio.

É importante saber o que você come, de onde vem, como é feito... Afinal, comer tem tudo a ver com a saúde e é bom tomar cuidado antes de enfiar qualquer coisa goela abaixo.

Ah, não podemos esquecer a ÁGUA! Ela dissolve e transporta as substâncias pelo interior do corpo.

Há alimentos que podem prevenir doenças. Há quem diga que o tomate e sua substância vermelha, o licopeno, reduzem o risco de certos tipos de câncer e doenças do coração; que a beterraba funciona como laxante... Mas tudo ainda está sendo pesquisado.

Todo mundo anda falando em *fibras*. Elas ajudam na digestão dos alimentos, no bom funcionamento do intestino, no tratamento da obesidade e na redução do açúcar no sangue. Aveia, cevada, trigo integral, laranja, mamão, brócolis, couve são exemplos de alimentos com fibras.

Os agrotóxicos são utilizados para exterminar pragas ou doenças que prejudicam o desenvolvimento da agricultura. Devem ser usados corretamente para não causar problemas de saúde nos seres humanos. Os *alimentos orgânicos* são cultivados sem agrotóxicos.

Os cereais *integrais* conservam as características originais dos grãos. O arroz mais comum, por exemplo, é branquinho porque foi tirada a sua casca, com todas as propriedades que ela tem. Mais saudável e nutritivo, o alimento integral tem também muito mais fibras.

47

É bom saber

Muitas frutas, legumes e verduras são mais saudáveis quando comidos crus. Quando cozinhamos legumes e verduras, a água dissolve as vitaminas e sais minerais e grande parte se perde.
Mas tem alimentos que só podem ser comidos cozidos: como feijão, soja, arroz, massas...
Além disso, a alta temperatura acaba com bactérias e micro-organismos.

Também existe um jeito de cozinhar vegetais como brócolis, vagens e abobrinhas sem perder suas propriedades: no vapor.

Hummm... Você já percebeu como são suculentas e saborosas as frutas no nosso país? Além de variadas e abundantes: abacaxi, laranja, banana, mamão, manga, maçã, abacate, acerola, limão, sapoti, maracujá, jabuticaba, pitanga, caju, açaí, abiu... Você conhece todas essas?

Comer fruta ou tomar seu suco só traz benefícios.
As frutas são grandes fontes de vitaminas e poderosos preventivos contra muitas doenças, além de reguladoras das funções do organismo.

O consumo variado de frutas e verduras é fundamental.
Comer verduras e legumes no almoço e no jantar e frutas no café da manhã e na hora do lanche já é um grande passo para uma alimentação saudável.
Experimente.

Nosso organismo precisa de gordura, ela é construtora e nos fornece energia. Mas há gorduras que podem trazer problemas à saúde, como as saturadas e, a pior de todas, a gordura trans, usada para realçar o sabor e a consistência de vários alimentos industrializados. Então, não abuse de frituras, hambúrgueres, salgadinhos, margarinas, sorvetes, biscoitos...

"É sempre preferível comer alimentos cozidos, assados ou grelhados."

As carnes contêm gorduras que, na quantidade certa, são necessárias, além de proteínas e vitaminas que fortalecem os músculos e os tecidos e nos dão energia. Os peixes e os frutos do mar em geral contêm iodo e fósforo, importantes para o funcionamento do cérebro.

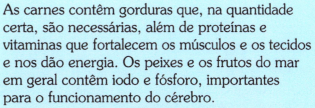

Logo na primeira mordida já começa o trabalho da digestão. A saliva e a língua molham e misturam o alimento e os dentes o trituram. Depois, ao engolirmos, ele passa pelo esôfago e vai para o estômago, onde é digerido com a ajuda do suco gástrico. No intestino delgado, completa-se a digestão, com os nutrientes indo para o sangue e através dele se espalhando para os órgãos. Nutriente é o conteúdo dos alimentos – vitaminas, proteínas etc. – que nutre o corpo. No intestino grosso, os resíduos dos alimentos não aproveitados formam as fezes e são eliminados pelo ânus.

Média ideal de peso de crianças em idade escolar*

idade	altura	peso médio	idade	altura	peso médio
6 anos	1,14 m	20,04 kg	6 anos	1,13 m	20,67 kg
7 anos	1,20 m	23,60 kg	7 anos	1,19 m	22,90 kg
8 anos	1,26 m	26,10 kg	8 anos	1,25 m	25,20 kg
9 anos	1,31 m	28,50 kg	9 anos	1,30 m	27,65 kg
10 anos	1,35 m	30,90 kg	10 anos	1,35 m	30,45 kg
11 anos	1,39 m	34,00 kg	11 anos	1,41 m	34,25 kg

meninos — meninas

Não se pode esquecer que nossa estrutura física varia de acordo com a alimentação e exercícios e também com a herança genética, quer dizer, as características físicas da família.

Cuidado com os exageros

Obesidade é o acúmulo excessivo de gordura no corpo, e uma das causas é quando uma pessoa come mais do que seu corpo precisa. Ela pode gerar várias doenças, como hipertensão, colesterol alto, diabetes...

É possível combater a obesidade com orientação médica, alimentação equilibrada e atividade física.

Aqui, uma sugestão de cardápio ideal*

Café da manhã
1 copo de 200 ml de leite, 1 fatia de pão integral ou 1 tigela pequena de cereal, 1 colher (chá) de manteiga ou margarina e 1 fruta

Lanche
1 iogurte e 1 fatia de bolo

Almoço
Arroz e feijão (metade do prato), 100 gramas de carne, 1 colher (sopa) de legumes, 1 pires de verdura cozida, 1 colher (sopa) de batata e 1 fruta

Lanche
1 copo de 200 ml de suco, 1 fatia de pão integral e 2 fatias de queijo de qualquer tipo

Jantar
Macarrão (metade do prato), 3 colheres (sopa) de molho de carne moída, 3 colheres (sopa) de salada de alface com tomate e 1 fruta

*Para crianças de 6 a 11 anos – equivale a 2 mil calorias (o valor energético dos alimentos).

Fonte: Crianças – "O prato nota 10". Revista *Veja*, edição 1999, 14 de março de 2007.

Refeição equilibrada
Nosso prato mais comum – arroz, feijão (carboidratos), carne (proteína), salada ou legumes, com um suco ou uma fruta (vitaminas, sais minerais e fibras) – é uma boa combinação de nutrientes.

Colesterol é a gordura necessária para o desenvolvimento das nossas células. Tem o bom colesterol (HDL) e o mau colesterol (LDL). É mau quando se deposita em excesso nas paredes das artérias, estreitando o canal por onde passa o sangue e provocando a aterosclerose. O bom colesterol retira a gordura das artérias e leva para o fígado, onde ela é processada.

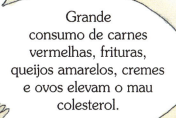

Grande consumo de carnes vermelhas, frituras, queijos amarelos, cremes e ovos elevam o mau colesterol.

A pressão arterial é a força que tem o sangue quando bombeado nas artérias pelo coração. Quando alta (*hipertensão*), pode causar o rompimento de vasos sanguíneos, problemas no coração e rins. O consumo de muito sal, de alimentos industrializados, de bebidas alcoólicas, a vida sedentária e a obesidade são grandes responsáveis pela hipertensão.

Diabetes é o excesso de açúcar no sangue. Nosso pâncreas produz a insulina, responsável pelo aproveitamento do açúcar no sangue, que por sua vez é responsável pela nossa energia.
O consumo excessivo de açúcar pode fazer com que a insulina perca esse controle, e a taxa vai aumentando. A diabetes é uma doença que prejudica os olhos, os rins, dificulta a cicatrização de feridas…
A diabetes está afetando cada vez mais os jovens e as crianças. E a obesidade agrava essa doença.

Anorexia é quando uma pessoa, com peso normal ou mesmo magra, continua se achando gorda e vai comendo cada vez menos, até ficar doente, anoréxica. Essa doença causa perda de água, sais minerais e massa muscular, além de enfraquecimento geral e predisposição a infecções.

Bulimia é um transtorno alimentar, como a anorexia. A pessoa ingere alimentos de forma descontrolada, provocando em seguida o vômito ou ingerindo laxantes e diuréticos que eliminam o mais rápido possível o excesso de calorias consumidas.

Dicas espertas de todo dia

Cuidado com a gula! Comer demais obriga o corpo a trabalhar mais do que o normal para digerir o excesso de alimento. Dá um sono, uma vontade de não fazer nada...

Comer menos e várias vezes ao dia mantém o organismo em constante atividade. A gente aproveita melhor os alimentos, sem provocar aquela sensação de ter engolido um elefante.

Capriche nos legumes, verduras e frutas. Além de vitaminas e sais minerais, eles têm fibras, indispensáveis para uma boa digestão.

Modere o consumo de alimentos gordurosos, frituras, salgadinhos e também o consumo de sal.

Os enlatados e os embutidos (salame, linguiça, presunto) são gordurosos e têm muito sal, é bom evitá-los.

Coma pouco doce – bolo, sorvete, bala... Tome pouco refrigerante. É bom conter o excesso de açúcar.

Beba muita água. Ela é indispensável à vida. Aguentamos muitos dias sem comida, mas não sem água. Nosso organismo precisa de água para funcionar, e temos que repor o que perdemos diariamente por meio da urina e do suor.

As bebidas alcoólicas fornecem muitas calorias e nenhum nutriente. Por isso são totalmente dispensáveis. Além de nocivo para a saúde, o álcool prejudica a digestão.

Lave bem os alimentos, principalmente os que serão consumidos crus, como as frutas e verduras, para eliminar a sujeira, resíduos de fertilizantes ou agrotóxicos e até micro-organismos, bactérias e parasitas.

Lavar bem as mãos antes das refeições nos protege de uma série de doenças.

Coma devagar e mastigue bem a comida. Assim ela será mais bem digerida e aproveitada pelo organismo.

Você sabia?

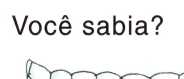

Devemos escovar bem os dentes após cada refeição.
Ah, e não se esqueça de passar o fio dental antes da escovação.
Manter os dentes limpos evita cáries e mau hálito.

Em vez de guloseimas, um lanche equilibrado deixa a gente mais animado, com disposição. Também melhora a nossa capacidade de aprendizagem na escola.
Comece o dia com um bom café da manhã, que evita a fome até a hora do recreio.
E não se esqueça de que o leite e os seus produtos (laticínios) são as principais fontes de cálcio.

Povos antigos costumavam abater animais em rituais de sacrifício, quando ofereciam parte do animal aos deuses como um preço a pagar por estarem tirando a vida do animal.

A maioria dos hindus é vegetariana, quer dizer, não come carne porque acredita que os animais também têm alma. Mesmo os que comem não consomem carne de vaca, que é considerada sagrada.

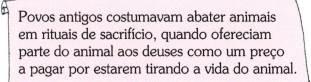

Os muçulmanos, pelas leis do Alcorão, seu livro religioso, não comem carne de porco nem ingerem bebidas alcoólicas.

Os chineses comem de tudo. Dizem até que eles costumam comentar: "nós comemos tudo o que tem pernas, menos as mesas; tudo o que voa, menos os aviões; tudo o que nada, menos os barcos".
Em algumas regiões da China, há pratos sofisticados à base de carne de cachorro, de escorpião e até mesmo de rato.

A carne de porco também é proibida na religião judaica. Aliás, os judeus só comem a carne de animais ruminantes, de casco fendido e de peixes com barbatanas e escamas.
E a carne não pode ser ingerida com leite.

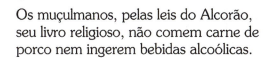

Na escola

Cantinas e lanchonetes – já há iniciativas públicas proibindo a venda de certos alimentos nas escolas. Mas é bom convencer tanto as cantinas e lanchonetes quanto os alunos a trocarem guloseimas ou certos alimentos industrializados e nocivos à saúde por alimentos mais saudáveis, como sanduíches bem balanceados, frutas e sucos naturais no lugar dos refrigerantes.

Sucos com pouco ou nenhum açúcar – a maioria das frutas contém açúcar o suficiente para ser absorvido pelo organismo. Quanto ao paladar... bem, é só acostumar, que o sabor de um suco é sempre bom. Vale a pena adquirir esse hábito em casa e na escola.

Receitas – experimente inventar um lanche ou criar uma receita nova com vários ingredientes saudáveis. Se estiver sem inspiração, troque ideias com os colegas ou com a professora.

Lanche coletivo – levar para casa o que aprendeu na escola. Ou levar para a escola alimentos variados, como frutas, frescas ou secas, verduras e legumes, como alface, rúcula, tomate, cenoura etc. para fazer um lanche coletivo.

Testando o paladar – leve para a classe um alimento de que você goste. Seu colega, de olhos vendados, pode adivinhar que alimento é através do gosto, do cheiro? Se for fruta ou verdura crua, não se esqueça de lavar antes.

Concurso – proponha um concurso da melhor receita para evitar desperdício de alimentos. Muitas partes de legumes, verduras e frutas vão para o lixo, como as folhas da cenoura, da beterraba, a casca da maçã... todas contêm vitaminas, sais minerais e fibras e devem ser aproveitadas. Ganha a receita mais saborosa e com mais ingredientes que normalmente são jogados fora.

Horta na escola – que tal preparar uma horta com seus colegas? É divertido e pode-se entender o ciclo da vida, com o semear/plantar, nascer e crescer; o processo de alimentação: com a produção, o fornecimento de alimentos frescos e variados, a sua preparação...

Nas compras

Preste atenção no prazo de validade dos produtos embalados, principalmente latas, embutidos e laticínios. Não compre alimentos com embalagens estufadas, amassadas ou enferrujadas, pois pode ser sinal de produto contaminado.

Preste atenção no que está comprando, leia na embalagem as infomações sobre o alimento: seus ingredientes, nutrientes, valor energético, as condições de conservação... Assim, você vai saber, por exemplo, quais marcas têm mais gordura, ou mais carboidratos e escolher o melhor para sua saúde.

Você é daqueles que ficam babando com a propaganda de alimentos na TV? Principalmente quando aparecem chocolates e outras guloseimas? Cuidado, são alimentos com muita gordura e açúcar, e contribuem para a obesidade e outros problemas de saúde. Quem sabe das coisas não se deixa enganar! Outra coisa: fuja dos falsos remédios anunciados para combater a obesidade.

POIS É... COMER BEM É BOM, PRAZEROSO E DÁ SAÚDE...

ESTÃO VENDO?

Você sabia que a União Europeia – bloco econômico formado por vários países da Europa – já controla a propaganda desses alimentos dirigida às crianças? No Brasil, estão começando a se preocupar.

Comer é bom, prazeroso e dá saúde,
disposição e energia para tudo.
Para estudar, trabalhar e até para brincar.
E dá mais sabor à vida.

Criança saudável é criança feliz
e com futuro feliz.

Uma receita
que vale
a pena!